EDGAR DEGAS,
LE PEINTRE DES DANSEUSES

La passion
du mouvement
et de l'instantané

par Marie-Julie Malache

50MINUTES

Avec la collaboration d'Angélique Demur

EDGAR DEGAS　　5

CONTEXTE　　7

La modernisation de Paris

La photographie et les inventions du XIXe siècle

Du Salon des refusés à l'impressionnisme

BIOGRAPHIE　　11

L'apprentissage du dessin

La représentation de la vie moderne

S'adapter à la maladie

CARACTÉRISTIQUES　　15

Le « peintre des danseuses »

Le travail d'atelier

Élargir le champ de la sculpture

SÉLECTION D'ŒUVRES　　19

La Famille Bellelli

Le Défilé

L'Orchestre de l'Opéra

Dans un café ou *L'Absinthe*

La Petite Danseuse de quatorze ans

EDGAR DEGAS, UNE SOURCE D'INSPIRATION　　29

EN RÉSUMÉ　　32

POUR ALLER PLUS LOIN　　34

EDGAR DEGAS

- **Nom ?** Hilaire Germain Edgar De Gas, dit Edgar Degas.
- **Naissance ?** Né le 19 juillet 1834 à Paris.
- **Mort ?** Décédé le 27 septembre 1917 dans la même ville.
- **Contexte ?** L'impressionnisme, mouvement artistique de la seconde moitié du XIXe siècle s'opposant à la peinture académique.
- **Œuvres majeures ?**
  - *La Famille Bellelli* (1858-1860)
  - *Course de gentlemen, avant le départ* (1862)
  - *L'Orchestre de l'Opéra* (vers 1870)
  - *Le Foyer de la danse à l'Opéra, rue Le Pelletier* (1872)
  - *Dans un café* ou *L'Absinthe* (1873)
  - *La Petite Danseuse de quatorze ans* (1878-1881)

L'histoire de l'art a parfois engendré des artistes « à part » qu'il est difficile de faire rentrer dans les cases de l'un ou l'autre courant artistique. Edgar Degas est l'un de ceux-là. Conscient des défis que pose la peinture de son temps, il n'a de cesse de chercher à faire le lien entre l'art et la vie. En cela, les critiques, notamment l'écrivain Joris-Karl Huysmans (1848-1907), reconnaissent en lui un « peintre de la vie moderne ».

Dans sa jeunesse, Edgar Degas se passionne pour la peinture : il suit une formation académique et voyage en Italie pour s'inspirer des grands maîtres. Mais rapidement, il s'éloigne de ce parcours classique. Dans le Paris de la seconde moitié du XIXe siècle, il rencontre de jeunes artistes qui, comme lui, ont soif d'audace et de nouveauté. De plus, l'apparition de nouvelles technologies, comme la photographie, motive la jeune génération à explorer d'autres voies picturales.

Peu à peu, les artistes de la bohème s'organisent et présentent leurs propres expositions. La critique leur donne le nom d'« impressionnistes ». Parce qu'il participe à ces événements, Edgar Degas est assimilé à ce courant artistique. Cependant, ses conceptions artistiques divergent sur plusieurs points : alors que les impressionnistes prônent la spontanéité de la peinture sur le motif (en extérieur), Edgar Degas s'attache à peindre ses observations *a posteriori*, dans son atelier. Ainsi, il s'intéresse davantage à l'art du portrait et aux lieux clos, tandis que les impressionnistes représentent des paysages et des atmosphères d'extérieur. En outre, il est attaché au perfectionnement de sa technique de dessin quand les impressionnistes privilégient le travail sur la couleur.

À sa mort, en 1917, Edgar Degas laisse plus de 2 000 tableaux qui dégagent une constante recherche de réalisme. Ses compositions sont originales mais équilibrées, et reflètent une étude minutieuse du mouvement.

CONTEXTE

LA MODERNISATION DE PARIS

Dans la seconde moitié du XIXe siècle, Napoléon III (1808-1873) lance un vaste programme de modernisation de Paris. La révolution industrielle a eu pour conséquence de doubler la superficie et la population de la capitale : il est donc nécessaire de redessiner les axes de circulation et la configuration urbaine. Eugène Haussmann (1809-1891), le préfet de Paris, est chargé du plan d'assainissement et d'embellissement de la ville, un projet de très grande envergure qui s'étale sur une vingtaine d'années. Haussmann trace de grandes avenues rectilignes et ouvre les ruelles du centre. En plus de faciliter les interventions de la police et de l'armée dans la ville, ce plan modifie la répartition sociale : les industries et le monde ouvrier sont relégués dans les banlieues, tandis que le centre devient une cité bourgeoise.

Rapidement, Paris attire les artistes en raison de l'intense activité de la vie urbaine. Leurs œuvres se font les témoins des beaux boulevards, des nouveaux lieux de divertissement (les bars, les théâtres, l'opéra, etc.) et des gares aux constructions métalliques modernes. Parmi ces artistes, Edgar Degas est particulièrement attiré par les lieux de la vie mondaine, où les bourgeois cherchent autant à voir qu'à être vus. Ses œuvres révèlent notamment une observation minutieuse des mouvements des danseuses d'opéra et des étoffes composant leurs vêtements, sous les reflets de la lumière artificielle.

LA PHOTOGRAPHIE ET LES INVENTIONS
DU XIXe SIÈCLE

Dans les années 1830, Nicéphore Niepce (1765-1833) et Jacques Daguerre (1787-1851) mettent au point un procédé technique permettant de reproduire le réel : la photographie. Cette invention concurrence la peinture : bien plus fidèle à la réalité, elle est de surcroît meilleur marché. Autrefois, la peinture servait à conserver l'image de quelqu'un ou de quelque chose, mais ces fonctions commémorative et documentaire deviennent désormais l'apanage de la photographie. Alors que les peintres académiques se méfient d'emblée de cette invention, les jeunes artistes, à l'inverse, y voient un adjuvant dans la recherche d'une esthétique nouvelle. Ils mènent dès lors une profonde réflexion sur les possibilités artistiques induites par la photographie. Leurs œuvres se composent de cadrages inattendus, de formes aux contours flous et de jeux d'ombre et de lumière subtils. Pour eux, la peinture doit dépasser la simple reproduction du réel – rôle assigné à la photographie – et exprimer des sensations inédites.

En parallèle, les découvertes de Michel-Eugène Chevreul (1786-1889) sur les lois de l'optique influencent aussi les recherches esthétiques des artistes. Ce scientifique étudie le contraste simultané des couleurs et constate que, dans une composition, il suffit à l'œil de percevoir un élément de référence pour pouvoir reconstituer toute une forme connue. Sur la base de cela, les peintres expérimentent le rendu des couleurs et des formes. De plus, l'invention du conditionnement de la peinture à l'huile en tube permet aux peintres de sortir de leur atelier pour travailler « sur le motif », en plein air.

DU SALON DES REFUSÉS À L'IMPRESSIONNISME

Au XIXᵉ siècle, l'institution officielle qui expose et reconnaît les artistes est le Salon. Une ou deux fois par an, un jury d'académiciens sélectionne les œuvres à présenter au grand public. La renommée des artistes admis est alors assurée. À l'inverse, les peintres refusés se retrouvent sans lieu d'exposition. C'est pourquoi les artistes, cherchant à s'attirer les faveurs du jury, produisent des œuvres rigoureusement académiques, c'est-à-dire conformes aux règles traditionnellement admises, tant en ce qui concerne les sujets représentés (la peinture d'histoire domine la hiérarchie des genres) que la manière de peindre (composition pyramidale, facture picturale lisse, effets de lumière théâtraux, etc.).

Cependant, dès 1863, les peintres refusés sont exposés en marge du Salon, dans le Salon des refusés. Les œuvres qui y sont présentées s'opposent à la tradition classique et à la conception habituelle de l'art. À contre-courant de la peinture traditionnelle, la jeune génération s'attache à des sujets jugés banals : des natures mortes, des paysages et des scènes de genre. En 1845, Charles Baudelaire (1821-1867) encensait déjà ce rapprochement entre l'art et la vie quotidienne : « Celui-là sera le peintre, le vrai peintre, qui saura arracher à la vie actuelle son côté épique et nous faire voir et comprendre, avec de la couleur ou du dessin, combien nous sommes grands et poétiques dans nos cravates et nos bottes vernies. » (BAUDELAIRE (Charles), *Écrits sur l'art*, Paris, Le Livre de Poche, 1999, p. 120-121)

LE SCANDALE DU *DÉJEUNER SUR L'HERBE*

Lors du Salon des refusés de 1863, *Le Déjeuner sur l'herbe* d'Édouard Manet (1832-1883) scandalise par son audace et sa modernité, à la fois dans son style et dans son sujet : le tableau met en scène une femme nue parmi des hommes habillés. L'œuvre suscite cependant l'intérêt des futurs impressionnistes.

Les œuvres des refusés témoignent également d'une influence de la photographie : elles cherchent à capter l'instantané et le fugitif. Et c'est précisément l'aspect inachevé, à peine esquissé, qui en résulte, que les critiques reprochent aux artistes. Les querelles entre les partisans de l'académisme et ceux de la modernité s'enflamment. Le public, quant à lui, accueille favorablement la nouvelle notion d'esthétisme : on assiste à l'avènement de l'art pour l'art. L'artiste s'émancipe des règles académiques et cesse de se mettre au service d'un message monarchique ou religieux. Il cherche à transmettre au spectateur l'essence de sa vision via une sensibilité librement exprimée.

En 1874, Edgar Degas participe au Salon des refusés organisé dans l'atelier du photographe Nadar (1820-1910). Claude Monet (1840-1926) y expose une peinture à l'huile représentant une vue du port du Havre dans la brume intitulée *Impression, soleil levant*. Le journaliste Louis Leroy (1812-1885) propose dans *Le Charivari* un compte rendu satirique de cette exposition qu'il titre « Exposition des impressionnistes ». De critique en plaisanterie, le néologisme « impressionnisme » perdure, jusqu'à désigner un courant artistique. Bien qu'il s'en rapproche en de nombreux points, Edgar Degas reste cependant à l'écart du groupe impressionniste. Actuellement, on le considère surtout comme un précurseur de ce courant.

L'IMPRESSIONNISME

L'impressionnisme est un courant artistique qui s'étend de 1860 à 1886. Dans les années 1860, de jeunes artistes – tels que Camille Pissarro (1830-1903), Alfred Sisley (1839-1899), Claude Monet ou Auguste Renoir (1841-1919) – se rencontrent à Paris et se rassemblent autour d'Édouard Manet. Ne trouvant plus de repères dans les règles académiques, ils explorent de nouvelles voies picturales. Ils s'attachent à peindre d'après nature, en plein air, et peu à peu, les modifications atmosphériques deviennent leurs sujets de prédilection (l'ensoleillement, la saison, le moment de la journée, etc.). Ils cherchent à capter l'instant et l'évanescent. Du point de vue technique, ils inaugurent une nouvelle manière de peindre en juxtaposant des touches de couleur, sans préparation préalable de la toile.

BIOGRAPHIE

L'APPRENTISSAGE DU DESSIN

Edgar Degas, de son vrai nom Hilaire Germain Edgar De Gas, naît à Paris en 1834 dans une famille de nobles banquiers, aisée et cultivée. Son père, Auguste De Gas, est amateur et collectionneur d'art. Sa mère est quant à elle originaire de La Nouvelle-Orléans. Degas connaît une enfance heureuse avec ses quatre frères et sœurs.

En 1855, il abandonne ses études de droit pour entrer à l'École des beaux-arts. Sous la direction de Louis Lamothe (1822-1869), un disciple de Jean Auguste Dominique Ingres (1780-1867), il développe sa maîtrise du dessin, qui restera toute sa carrière le fondement de son art. Ses œuvres de jeunesse s'inspirent donc principalement du néoclassicisme. Il réalise également de nombreux portraits des membres de sa famille, comme le célèbre *Henri Degas et sa nièce Lucie* (1875-1876), conservé à l'Art Institute de Chicago.

De manière étonnante, l'artiste est également influencé par l'approche de la couleur du peintre romantique Eugène Delacroix (1798-1863). Parmi sa vaste collection d'œuvres anciennes, on retrouve d'ailleurs près de 150 peintures et dessins de ce maître. Edgar Degas étudie longuement sa technique du fractionnement de la touche, en déclinant les couleurs dans différentes teintes. Ainsi, il réussit le mariage complexe de la ligne et de la couleur : dans ses études de nus comme dans ses peintures d'histoire (*Sémiramis construisant Babylone*, 1861), il combine désormais le tracé minutieux de la ligne et l'équilibre de la composition avec des coups de pinceau plus libres et évanescents.

De 1856 à 1860, le jeune artiste voyage en Italie : à Florence (où il séjourne chez sa tante paternelle), à Naples et à Rome. Il étudie l'art ancien et s'intéresse particulièrement aux œuvres du *quattrocento* (appellation du XVe siècle en italien).

LA REPRÉSENTATION DE LA VIE MODERNE

L'année 1861 marque un tournant dans les choix artistiques d'Edgar Degas. De retour à Paris, il abandonne les thèmes historiques pour se consacrer à des sujets plus quotidiens. Il s'intéresse tout d'abord aux courses de chevaux. À Longchamp, il découvre et observe l'animation des champs de course. Dans des œuvres comme *Course de gentlemen, avant le départ* (1862), il peint la passion grandissante des bourgeois pour les sports hippiques, tout en étudiant la diversité des mouvements des chevaux.

En 1862, il fait la connaissance d'Édouard Manet, puis, trois ans plus tard, il rencontre Claude Monet et Auguste Renoir au café Guerbois, un lieu fréquenté par les artistes, les écrivains et les amateurs d'art à la fin du XIXe siècle. Ses nombreux échanges avec ces derniers l'amènent à introduire de nouveaux thèmes dans sa peinture, liés à la trépidante vie urbaine : le théâtre, la danse, les cabarets ou encore l'opéra. Sur le plan technique, Edgar Degas et ses contemporains explorent aussi de nouvelles voies. Ils sont notamment influencés par l'estampe japonaise. Abandonnant les procédés classiques du modelé et du clair-obscur, ils se détachent du détail pour étaler la peinture en aplats. Avec ces peintres, qui deviendront les impressionnistes, Edgar Degas organise et participe à des expositions indépendantes.

En 1872, il part pour quelques mois dans sa famille à La Nouvelle-Orléans. De retour à Paris, il réalise plusieurs œuvres d'après ses souvenirs de voyage, notamment *Le Bureau de coton* (1873).

S'ADAPTER À LA MALADIE

Dans les années 1870, suite à une maladie des yeux, Edgar Degas se consacre encore davantage au travail en atelier, d'après modèle. Il réalise des scènes d'intérieur plus intimes, telles que *Le Tub* (1886), et adapte sa technique. Il privilégie l'utilisation du pastel, car il lui permet un rendu plus direct que la peinture à l'huile. Il renforce également l'aspect évanescent de ses formes et travaille sur les rehauts de blanc qui apportent de la lumière à ses œuvres.

À cette époque, pour s'adapter à ses problèmes de vue, il s'essaie également à la sculpture et à la photographie. De son vivant, une seule de ses œuvres sculptées est présentée, lors d'une exposition impressionniste, en 1881 : *La Petite Danseuse de quatorze ans* (1875-1880). Cette statuette en cire habillée de vraies étoffes fait scandale en raison de son réalisme. Suite aux jugements acerbes à son égard, Edgar Degas n'exposera plus de sculpture jusqu'à la fin de sa vie.

Déçu des critiques et de l'évolution du monde artistique, l'artiste se forge peu à peu une image de vieux célibataire misanthrope. On lui prête des réflexions cinglantes à l'encontre des artistes peignant en extérieur, par exemple : « Si j'étais le gouvernement, j'aurais une brigade de gendarmerie pour surveiller les gens qui font du paysage sur nature. Oh ! je ne veux la mort de personne, j'accepterais bien encore qu'on mît du petit plomb pour commencer. » (DEGAS (Edgar), *Lettres*, Paris, Grasset, 1945, sur http://agora.qc.ca/Dossiers/ Edgar_Degas, consulté le 02/07/2014)

Lorsque la cécité totale le gagne, en 1911, Edgar Degas est contraint de mettre fin à son activité artistique. Il meurt d'un anévrisme cérébral à Paris le 27 septembre 1917 et est enseveli dans le caveau familial au cimetière de Montmartre.

CARACTÉRISTIQUES

LE « PEINTRE DES DANSEUSES »

Edgar Degas est souvent étiqueté par les historiens de l'art en tant que « peintre des danseuses », tant sa production artistique est centrée sur ce thème. Mais s'il s'intéresse aux danseuses, c'est essentiellement de manière objective. Elles ne sont pour lui qu'un prétexte à étudier la représentation des mouvements en art. Leurs poses courbées et cabrées lui permettent de perfectionner constamment sa maîtrise de la ligne. De même, les costumes et les tutus placés sous les projecteurs lui offrent matière à travailler le rendu des étoffes. Sa touche se fait crayeuse, évanescente, légère, voire vibrante. À l'huile ou au pastel, il travaille beaucoup sur les effets de transparence qui donnent du relief et du mouvement. Aussi, tout en utilisant une palette plutôt claire, suggère-t-il les formes par un jeu subtil sur l'ombre et la lumière.

Les représentations sur scène sont également l'occasion de concevoir des cadrages inédits. Les tableaux d'Edgar Degas proposent ainsi des mises en abyme originales : le spectateur de l'œuvre se confond avec le spectateur du spectacle de danse. À partir d'angles de vue décentrés, l'artiste cherche à capter un instantané. Il en résulte une grande spontanéité.

Néanmoins, il serait réducteur de cantonner l'œuvre d'Edgar Degas à la thématique du monde du spectacle. Les caractéristiques citées ci-dessus se retrouvent également dans ses tableaux portant sur des sujets de la vie moderne. Les courses hippiques l'amènent à décortiquer les mouvements des chevaux et de leurs cavaliers. Les portraits dans les cafés sont empreints de vérité et de réalisme, dans le but de provoquer une émotion directe chez le spectateur. Par ailleurs, ils se fondent sur une composition précise qui révèle la psychologie des personnages. Les sujets féminins (blanchisseuses, femmes à leur toilette ou sortant du bain) sont représentés sans aucune sensualité : l'artiste recherche davantage l'authenticité de la pose et l'originalité du cadrage. Le corps de la femme est étudié pour l'intérêt du jeu de courbes et de contre-courbes qu'il offre au pinceau de l'artiste.

En définitive, chez Degas, le sujet représenté n'est jamais qu'un prétexte pour étudier des formes et des compositions. Il cherche inlassablement à perfectionner sa technique du dessin.

LA CHRONOPHOTOGRAPHIE

Dans les années 1870, le médecin français Étienne Jules Marey (1830-1904) et le photographe britannique Eadweard Muybridge (1830-1904) mettent au point une nouvelle technique photographique, la chronophotographie. Celle-ci leur permet d'enregistrer le mouvement, plus précisément la locomotion animale et humaine. Il s'agit d'une importante source d'inspiration pour Degas dans ses études des mouvements des danseuses et des chevaux.

LE TRAVAIL D'ATELIER

Contrairement à ses amis impressionnistes, Edgar Degas prône durant toute sa carrière le travail d'atelier. Pour lui, « c'est très bien de copier ce que l'on voit ; c'est beaucoup mieux de dessiner ce que l'on ne voit plus que dans sa mémoire » (DEGAS (Edgar), *Lettres*, Paris, Grasset, 1945, sur http://agora.qc.ca/Dossiers/Edgar_Degas, consulté le 02/07/2014).

Il se rend *in situ* dans les lieux de spectacle, dans les cafés ou sur les champs de courses avec son carnet de croquis, multipliant les esquisses pour capter les différentes poses et mouvements des personnages. De retour dans son atelier, il utilise et retravaille ses dessins à partir desquels il élabore ses compositions. Il cherche le parfait équilibre entre tous les éléments.

Rien n'est superflu, rien n'est laissé au hasard : l'angle de vue, le cadrage, la superposition des plans, le modelé des formes, etc. Chaque procédé technique est réfléchi et rationalisé pour engendrer la même impression générale dans l'œil du spectateur. L'effet final de spontanéité et de « pris sur le vif » est donc minutieusement construit. Pour preuve, l'analyse aux rayons infrarouges de ses toiles révèle généralement un dessin préparatoire très précis.

ÉLARGIR LE CHAMP DE LA SCULPTURE

Les sculptures d'Edgar Degas sont quelque peu occultées par son impressionnante œuvre peinte (2 000 tableaux). Cependant, elles méritent que l'on s'y attarde, tant leur originalité marque l'histoire de la sculpture moderne et annonce celle du XXe siècle. Il est également ment intéressant de noter que l'on retrouve dans les sculptures de Degas la plupart des grandes caractéristiques de son art pictural. Ainsi, de même qu'il effectue des dessins préparatoires avant de peindre, il modèle essentiellement ses sculptures en cire ou en terre. Ce n'est qu'à sa mort que les œuvres retrouvées dans son atelier sont coulées en bronze, afin de garantir leur conservation. Avec ces matériaux malléables, l'artiste peut faire évoluer progressivement ses compositions, en ajoutant ou en enlevant de la matière.

En matière de sculpture, l'audace d'Edgar Degas réside dans deux principes novateurs : le souci de réalisme et l'autonomisation de la statue. Pour rendre ses créations « vivantes », il étudie minutieusement le modelé des formes et le rendu des mouvements, comme il le fait en peinture. Les poses et les attitudes sont précisément représentées, dans une rigoureuse recherche d'authenticité. Ses sujets de prédilection varient peu : il représente des danseuses, des chevaux et des femmes à leur toilette. Ici aussi, ce ne sont que des prétextes à étudier le mouvement. D'ailleurs, il réalise des séries avec des variations subtiles de poses, de manière à montrer la tension musculaire dans le corps.

Edgar Degas propose par ailleurs des œuvres de taille réduite. Il rompt avec la tradition de la statuaire monumentale, solennelle et figée, en proposant des rondes-bosses (sculptures en trois dimensions) expressives et spontanées, provoquant une émotion directe chez le spectateur. Comme Auguste Rodin (1840-1917) quelques années plus tard, il minimise l'importance du socle et présente ses œuvres sans artifices. Edgar Degas s'inscrit donc comme un précurseur de ce que Rosalind Krauss appelle « le champ élargi de la sculpture » (KRAUSS (Rosalind), « Sculpture in the Expanded Field », in *October*, volume 8, printemps 1979, p. 30-44), c'est-à-dire qu'il ouvre la voie à des œuvres tridimensionnelles autonomes et relevant des techniques de réalisation les plus variées.

LA FAMILLE BELLELLI

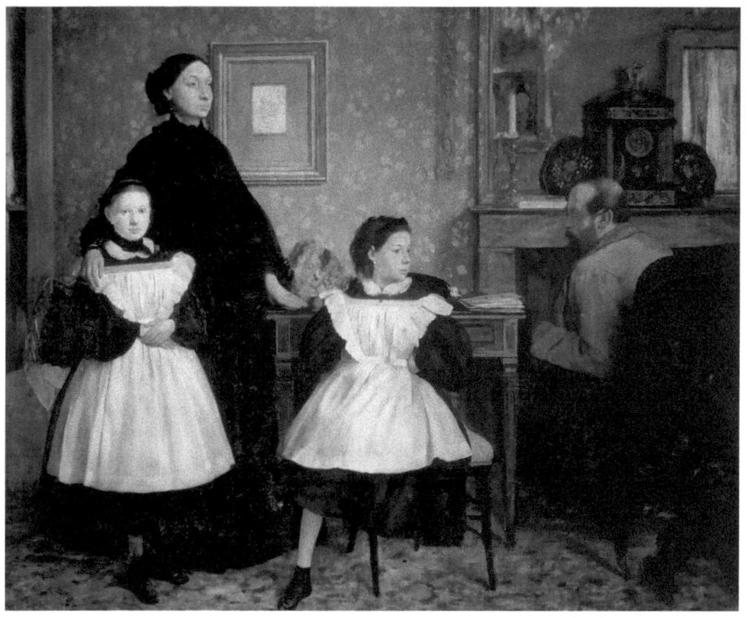

La Famille Bellelli, 1858-1860, huile sur toile, 200 x 250 cm, Paris, musée d'Orsay.

Il s'agit d'une œuvre de jeunesse réalisée par Edgar Degas lors de son voyage en Italie, entre 1858 et 1860, alors que le peintre séjourne dans sa famille à Florence. Il représente ici sa tante paternelle avec son époux, le baron Bellelli, et ses deux filles, Giulia et Giovanna. Les enfants et la baronne portent le deuil du père de celle-ci, dont le portrait à la sanguine est affiché au mur.

À première vue, cette toile respecte encore les règles académiques, notamment par sa construction pyramidale et sa vue frontale. Mais l'originalité de l'artiste commence à poindre à travers l'agencement et le modelé des formes. La composition de ce tableau se divise en deux espaces triangulaires : celui de la mère et celui du père. La fille aînée se tient debout aux côtés de la baronne et regarde en direction du spectateur, fière de poser pour le peintre, son cousin. Mais sa silhouette et la couleur de ses vêtements se confondent avec ceux de sa mère, formant un tout monobloc. Le père, assis sur un fauteuil, nous tourne le dos. Son isolement est renforcé par les lignes de la cheminée et de l'encadrement du miroir. Sa présence assez effacée contraste avec celle bien affirmée de la mère. Au centre de la composition, la fille cadette apporte quant à elle un peu de légèreté dans l'atmosphère pesante qui se dégage de l'œuvre. Située à la jonction des deux espaces de ses parents, elle s'est assise en pliant une jambe sous elle. Cette attitude lui donne l'air d'une ballerine prête à esquisser un pas de danse. Elle semble encore échapper au monde des adultes, alors que sa sœur s'y est déjà conformée.

Bien que des suggestions de fuite soient proposées (la porte est ouverte, le miroir crée de la profondeur et un petit chien sort du champ sur la droite du tableau), le spectateur se sent coincé dans l'ambiance lourde du tableau. Le malaise et les tensions familiales que l'on devine sont renforcés par l'enfermement de chaque personnage dans sa solitude : aucun regard ne se croise. Dans cette scène d'intérieur baignée uniformément par une lumière artificielle, les non-dits semblent nombreux. Edgar Degas accentue également cette impression en utilisant une touche plus nette pour peindre les visages. De cette façon, il insiste sur la psychologie de ses personnages.

LE DÉFILÉ

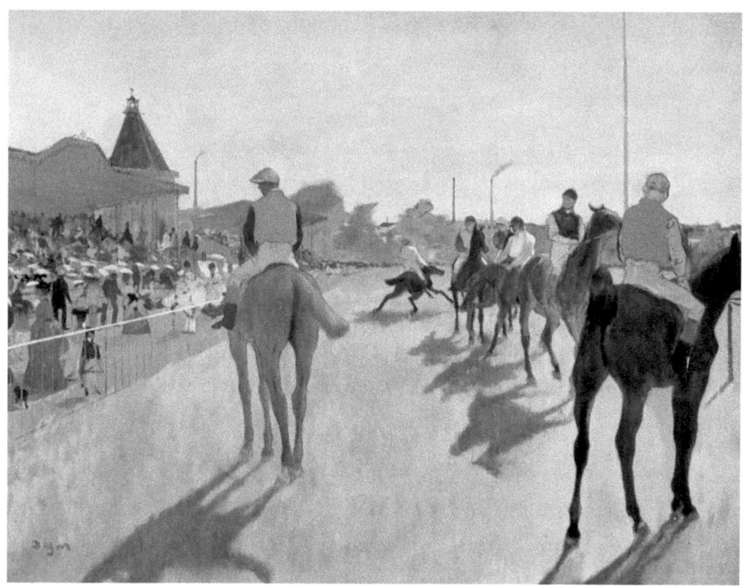

Le Défilé, dit aussi *Chevaux de courses devant les tribunes*, vers 1866-1868, peinture à l'essence sur papier sur toile, 46 x 61 cm, Paris, musée d'Orsay.

Dans les années 1860, l'artiste propose des séries représentant des courses hippiques. À l'époque, ce nouveau loisir d'origine britannique et aristocratique séduit particulièrement les bourgeois. L'hippodrome devient un lieu mondain où ils se pavanent durant leur temps libre.

Cependant, le choix de ce sujet par le peintre n'est, comme toujours, qu'un prétexte à développer son étude des formes et du mouvement. Sa composition se construit de plans successifs qui invitent l'œil du spectateur à pénétrer dans l'œuvre. La perspective renforce cet effet avec ses lignes de fuite qui se cristallisent sur le mouvement nerveux du dernier cheval. Celui-ci attire également l'attention, car il est le seul indice dynamique de l'imminence du départ de la course, tandis que la foule, à gauche, est massée dans le calme et que les autres chevaux, à droite, paradent tranquillement.

L'artiste nous offre une scène prise sur le vif, même si l'instant choisi est à première vue banal. Or il n'a pas peint cette œuvre sur le motif, mais bien dans son atelier. Ainsi, il fait preuve d'une mémoire efficace et d'une sensibilité mesurée. Tout en équilibrant sa composition, il met l'accent sur la lumière pâle et fraîche. La ligne joue aussi un rôle prédominant : les silhouettes des cavaliers et de leurs montures se détachent de l'ensemble, tandis que leurs ombres font écho à leur grandeur. Se focalisant donc sur les effets atmosphériques et sur les mouvements, le peintre laisse de côté les détails contextuels (le lieu, l'identification des propriétaires des chevaux via les couleurs des casaques, etc.). Avec ces premières œuvres sur le thème des champs de courses, Edgar Degas s'écarte des conventions académiques en rapprochant l'art de la vie quotidienne et en cherchant à faire ressortir l'essence même de la scène au-delà de l'anecdote.

L'ORCHESTRE DE L'OPÉRA

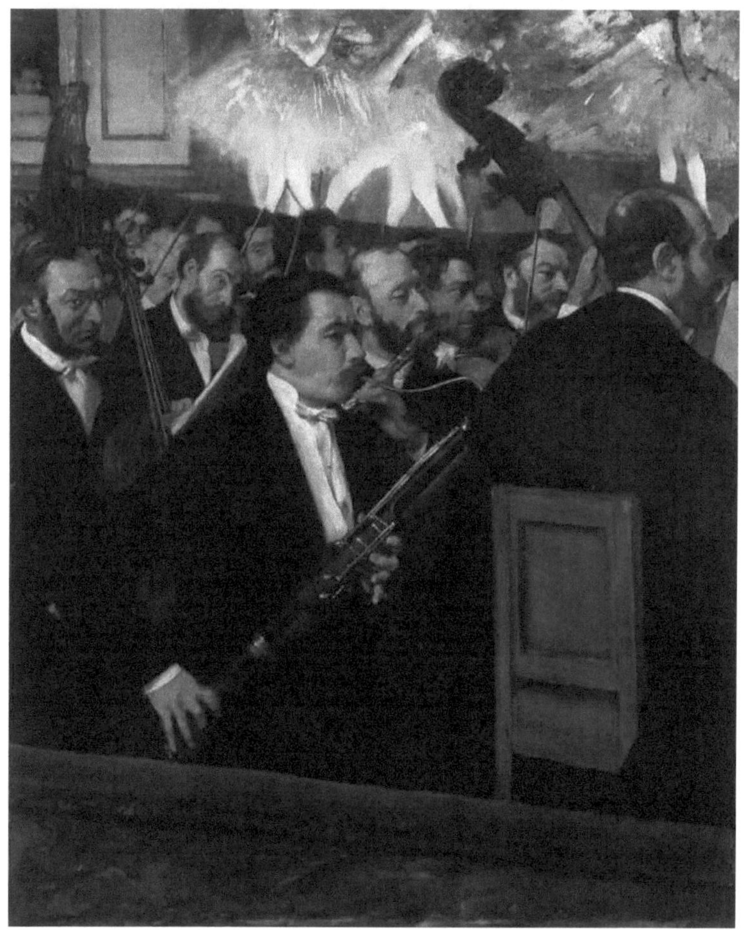

L'Orchestre de l'Opéra, vers 1870, huile sur toile, 56,5 x 45 cm, Paris, musée d'Orsay.

Avec cette œuvre, Edgar Degas offre un angle de vue inhabituel sur les spectacles de l'Opéra de Paris. Situé au premier plan, le specta- teur du tableau est projeté dans la scène et devient aussi spectateur de la danse et de l'orchestre. À partir de cette vue fragmentaire, le peintre donne à voir – mais aussi à imaginer – l'ensemble de la salle. Il minimise l'importance des danseuses : reléguées au dernier plan de la composition, on ne voit même pas leur visage. Devant elles, les musiciens jouent dans la fosse. Les contrastes entre ces deux plans sont marqués par différents procédés techniques : la palette de la scène est claire et lumineuse, tandis que celle de l'orchestre est sombre. De même, la touche se fait crayeuse et dynamique sur les tutus des danseuses, tandis qu'elle est plus nette et plus précise sur les musiciens. Cependant, ces contrastes sont modérés par une composition savamment réfléchie qui permet de faire le lien entre les deux plans. De fait, la harpe, la loge et la contrebasse partagent les deux espaces.

Si la plupart des œuvres d'Edgar Degas représentent des danseuses lors des répétitions ou des spectacles, celle-ci s'attache à rendre hommage au bassoniste Désiré Dihau, un de ses amis. En effet, c'est grâce à ce dernier que le peintre a ses entrées à l'Opéra de Paris et peut notamment assister aux répétitions. Degas le place en évidence, au premier plan, bien que cette disposition des musi-ciens ne respecte pas l'organisation traditionnelle de l'orchestre. On peut donc facilement en déduire que cette œuvre a été réalisée en atelier.

DANS UN CAFÉ OU *L'ABSINTHE*

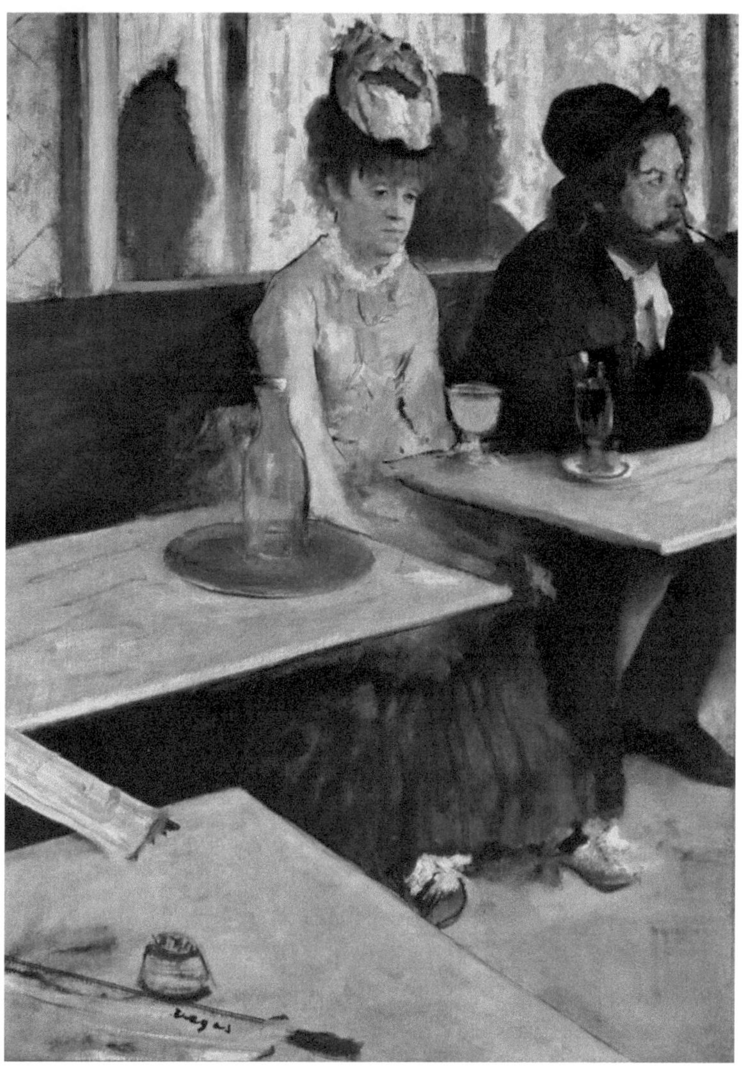

Dans un café ou *L'Absinthe*, 1873, huile sur toile, 92 x 68,5 cm, Paris, musée d'Orsay.

Assis côte à côte dans un café, un homme et une femme ne se parlent pas et ne se regardent pas. Les épaules lourdes, ils ont l'air accablé. Le regard dans le vide, chacun se consacre à ses pensées, isolé. Sur la table devant la dame se trouve un verre au contenu verdâtre. Cette boisson, c'est de l'absinthe, un alcool violent qui sera interdit en 1915 – une interdiction qui perdurera jusqu'en 2011 en France. Avec cette œuvre, Edgar Degas dénonce les méfaits de l'alcoolisme et, plus particulièrement, de cette boisson aussi appelée « la fée verte », dont les effets dévastateurs sont par ailleurs dépeints dans le roman *L'Assommoir* (1876) d'Émile Zola (1840-1902).

Le décor choisi est celui d'un lieu typique de la seconde moitié du XIXᵉ siècle : un café, endroit mondain où l'on peut voir et être vu. Celui-ci est identifiable : il s'agit de *La Nouvelle Athènes*, place Pigalle, lieu de rencontre en vogue à l'époque pour les artistes et les écrivains de la bohème.

Ce tableau donne une impression de spontanéité, comme si l'artiste, attablé un peu plus loin, avait rapidement croqué le couple. Mais cet effet de « pris sur le vif » est, en fait, savamment réfléchi, car le peintre a construit sa composition dans son atelier, avec des modèles : le peintre graveur Marcellin Desboutin (1823-1902) et l'actrice Ellen Andrée (1857-1925). Edgar Degas a d'ailleurs dû préciser publiquement qu'ils n'étaient pas alcooliques, afin de ne pas entacher leur réputation.

Pour suggérer l'isolement des personnages, le peintre opte pour un cadrage décentré, avec un hors-champ dynamique. Les diagonales des tables induisent un sens de lecture de l'œuvre : l'œil est attiré par les visages des personnages, puis par leurs vêtements et, enfin, par le verre d'absinthe. Les corps des personnages suivent deux lignes verticales contrastant avec les diagonales des tables. Derrière l'homme et la femme, leurs ombres renforcent leur accablement, de même que la palette sombre et terne. Les quelques touches de blanc virent au gris, participant ainsi au sentiment général de détresse qui se dégage de la scène.

LA PETITE DANSEUSE DE QUATORZE ANS

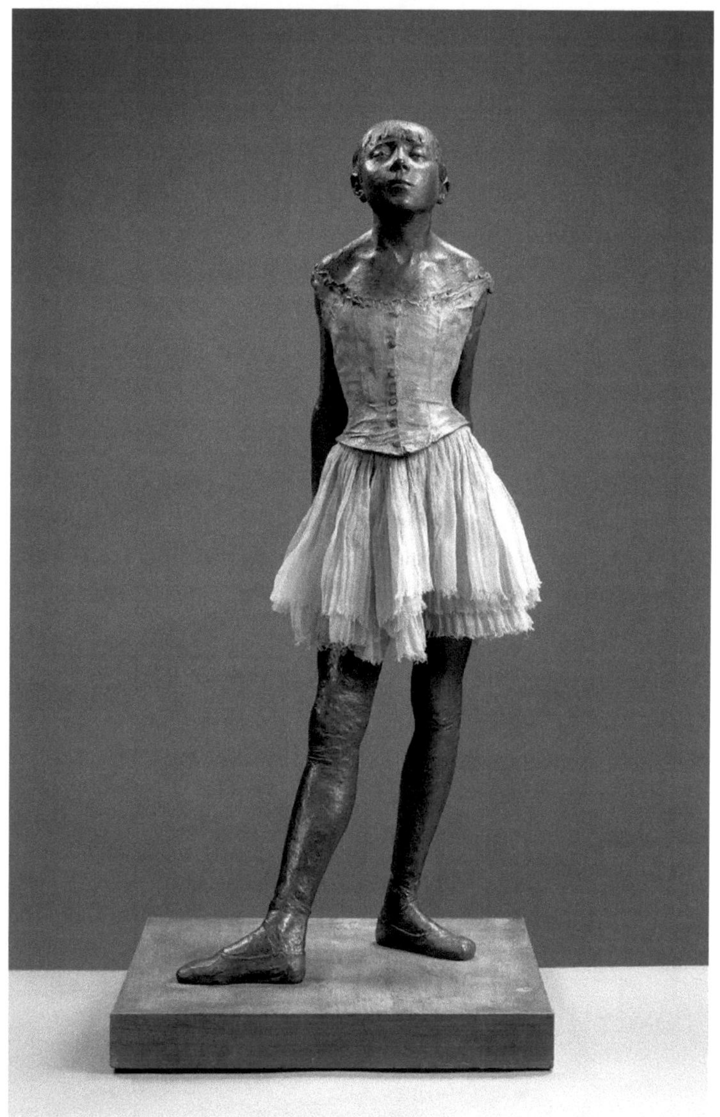

La Petite Danseuse de quatorze ans, 1878-1881, cire colorée, argile, armature métallique, corde, poils de pinceau, cheveux humains, lin, soie, coton, socle en bois, 98,9 x 34,7 x 35,2 cm, Washington D.C., National Gallery of Art.

Edgar Degas commence à modeler *La Petite Danseuse de quatorze ans* en 1878 et la présente au public lors d'une exposition des impressionnistes en 1881. Placée dans une vitrine, cette sculpture est composée de cire colorée couleur chair, mais elle est également habillée de véritables étoffes : le corset et les chaussons sont faits de soie, tandis que le tutu est en coton. En outre, elle est coiffée de cheveux humains. Ces éléments au réalisme criant choquent la critique, tant la mixité des techniques est inédite. Mais bien plus encore que les matériaux utilisés, c'est le sujet et la manière de représenter la jeune danseuse qui scandalise.

Le modèle qui pose pour l'artiste est Marie van Goethem, une adolescente aux origines modestes, « petit rat » à l'Opéra de Paris. Elle incarne la réalité des jeunes filles pauvres travaillant dur pour devenir danseuses et sortir de la misère. En plaçant cette représentation sous une cage en verre, Edgar Degas la hisse au rang d'œuvre d'art. Il réussit ainsi un tour de force : rapprocher l'art et la vie. Les critiques se disent outrés face à un sujet aussi moderne. Ils jugent la sculpture laide, la qualifiant de « singe » ou d'« aztèque ».

Considérant que le public et les critiques de son temps ne sont pas prêts pour tant d'audace, Edgar Degas n'exposera plus jamais ses sculptures. S'il existe aujourd'hui vingt-neuf exemplaires recensés de *La Petite Danseuse de quatorze ans*, l'original en cire et le premier tirage en bronze sont aujourd'hui conservés à la National Gallery of Art de Washington.

EDGAR DEGAS, UNE SOURCE D'INSPIRATION

Dès la fin du XIXe siècle, l'influence d'Edgar Degas est perceptible dans les œuvres des artistes de la jeune génération.

Comme lui, Henri de Toulouse-Lautrec (1864-1901) fréquente les lieux de spectacle, les cabarets et les music-halls, et représente les chanteuses et les danseuses sous la lumière blafarde de l'éclairage artificiel. Dans son œuvre *Au Moulin Rouge : la danse* (1890), il reprend à Edgar Degas ses cadrages audacieux avec des personnages « coupés » ou suggérés en hors-champ. Il utilise également les rehauts de blanc pour illuminer les étoffes et renforcer leur matérialité (comme sur le jupon de la danseuse et le boa de la dame au premier plan). Il accorde aussi une grande importance au dessin, et sa composition est soignée pour saisir un moment fugitif et capter l'instantanéité de la danse. Henri de Toulouse-Lautrec va cependant plus loin en haussant les couleurs de sa palette. Par exemple, dans *Salon de la rue des moulins* (1894), les visages sont maquillés et les costumes chamarrés. Il parvient à ce rendu nettement plus criard en utilisant la peinture à l'huile directement sur des supports cartonnés.

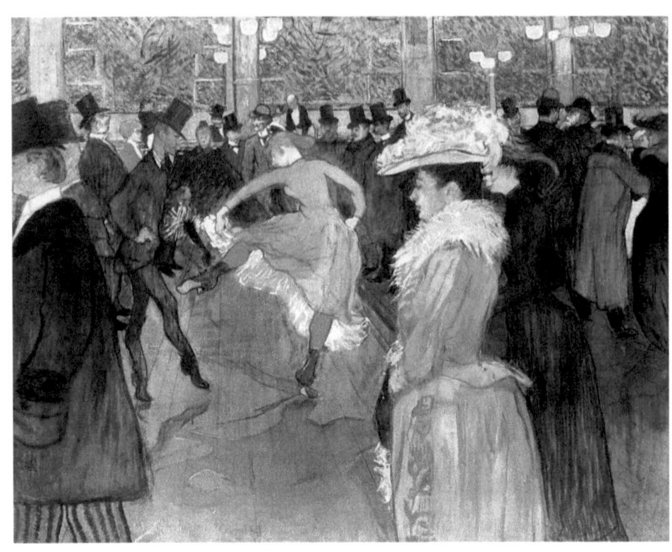

Toulouse-Lautrec (Henri), *Au Moulin Rouge : la danse*, 1890, huile sur toile, 115,6 x 149,9 cm, Philadelphie, Philadelphia Museum of Art.

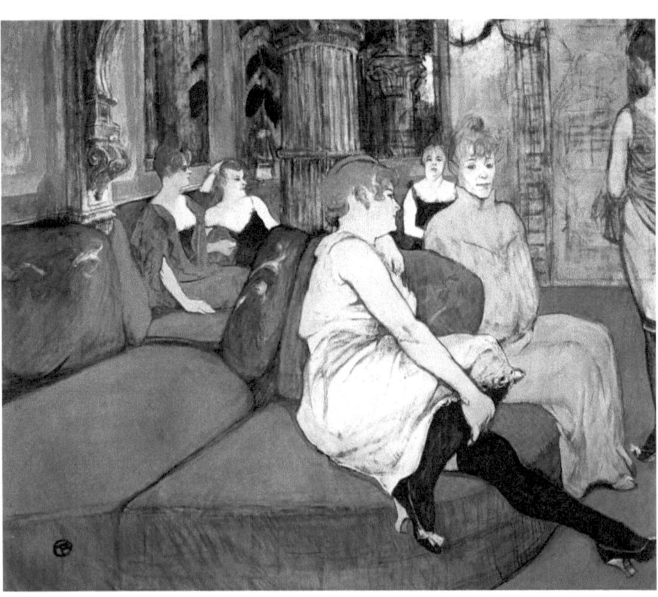

Toulouse-Lautrec (Henri), *Salon de la rue des moulins*, 1894, huile sur toile, 112 x 133 cm, Albi, musée Toulouse-Lautrec.

Pierre Bonnard (1867-1947) s'inscrit également dans le sillage d'Edgar Degas. Dès ses études à l'École des beaux-arts de Paris, il découvre et admire ses œuvres. Vers 1900, il lui emprunte le thème de la toilette féminine. Il représente des femmes s'habillant ou se déshabillant dans des scènes intimes d'intérieur. Ses œuvres au tub et au miroir sont multiples. Ici aussi, on retrouve l'influence d'Edgar Degas en ce qui concerne les cadrages et les points de vue originaux.

Enfin, dans la première moitié du XXe siècle, l'influence de Degas se retrouve essentiellement dans le travail des cubistes. Ses recherches sur la démultiplication des points de vue sur un même objet inspirent particulièrement les portraits de Pablo Ruiz Picasso (1881-1973) et de Georges Braque (1882-1963).

LE CUBISME

À partir de 1908, l'Espagnol Pablo Ruiz Picasso et le Français Georges Braque, influencés par le peintre Paul Cézanne (1839-1906), mettent au point une méthode de déstructuration de l'image que les critiques appelleront le « cubisme ». La représentation illusionniste de la réalité n'intéresse pas ces artistes, qui cherchent plutôt à faire ressortir la structure géométrique profonde des corps et des objets. Ainsi, ils réduisent chaque forme à ses éléments géométriques de base (cubes, cylindres, cônes et sphères), représentant sur leurs toiles en deux dimensions le mouvement et la tridimensionnalité. Par un jeu de formes juxtaposées ou imbriquées, ils proposent simultanément différents points de vue sur un même objet.

EN RÉSUMÉ

- Edgar Degas est un peintre majeur de la seconde moitié du XIXe siècle. Il fait le lien entre les tenants de la tradition académique et les partisans de la modernité.
- À cette époque, Paris se modernise et offre aux artistes de nouveaux lieux à peindre : les cafés, les théâtres, les champs de courses, etc. Edgar Degas fréquente particulièrement les lieux de spectacle comme l'Opéra de Paris, où il peut admirer les mouvements des danseuses sous la lumière artificielle.
- Les jeunes artistes s'émancipent progressivement de l'Académie et sont bientôt appelés par la critique « les impressionnistes ». Edgar Degas, bien que participant activement aux expositions des impressionnistes, se situe quelque peu à l'écart de ce courant. Tandis que les impressionnistes peignent « sur le motif » et privilégient les paysages, il préfère le travail d'atelier et représente essentiellement des scènes d'intérieur.
- Pour Edgar Degas, le sujet d'une œuvre n'est qu'un prétexte pour étudier des formes et des compositions. Il cherche inlassablement à perfectionner sa technique du dessin. Les danseuses, les blanchisseuses et les femmes à leur toilette sont autant d'occasions pour lui d'observer le déploiement des mouvements et la variété des poses.
- D'un point de vue technique, l'artiste soigne particulièrement ses compositions. Influencé par la photographie, il propose des cadrages originaux et des angles de vue décentrés. Au départ d'une vue fragmentaire, il parvient à suggérer une salle de spectacle entière. Il travaille aussi le modelé de ses formes par la couleur et les jeux d'ombre et de lumière.

- L'œuvre sculptée d'Edgar Degas est moins connue, car il n'en expose qu'une seule de son vivant : *La Petite Danseuse de quatorze ans*. Pourtant, elle marque également l'histoire de l'art par son audace : elle témoigne d'un grand souci de réalisme et annonce l'autonomisation de la sculpture au XXe siècle.
- En peinture, Degas influence des artistes proches de lui, comme Henri de Toulouse-Lautrec ou Pierre Bonnard, mais aussi des peintres du XXe siècle, dont Pablo Picasso et Georges Braque.

POUR ALLER PLUS LOIN

SOURCES BIBLIOGRAPHIQUES

- DAGEN (Philippe) et HAMON (Françoise) (dir.), *Époque contemporaine. XIXᵉ-XXᵉ siècles*, Paris, Flammarion, 2005.
- *Degas*, catalogue d'exposition au Grand Palais, Réunion des musées nationaux, 1988.
- DEGAS (Edgar), *« Je veux regarder par le trou de la serrure ». Textes, lettres et propos choisis d'Edgar Degas*, Paris, Éditions Mille et une nuits, 2012.
- DEGAS (Edgar), *Lettres*, Paris, Grasset, 1945, sur http://agora.qc.ca/Dossiers/Edgar_Degas, consulté le 02/07/2014.
- GOMBRICH (Ernst H.), *Histoire de l'art*, Paris, Phaidon, 2001.
- GROW (Bernd) et TRÉMEAU-BÖHM (Anne-Marie), *Edgar Degas*, Cologne, Taschen, 2001.
- KRAUSS (Rosalind), « Sculpture in the Expanded Field », in *October*, volume 8, printemps 1979, p. 30-44.
- LOYRETTE (Henry), *Degas. « Je voudrais être illustre et inconnu »*, Paris, Gallimard, coll. « Découvertes Gallimard », 1988.
- VALÉRY (Paul), *Degas, danse, dessin*, Paris, Gallimard, 1983.

SOURCES ICONOGRAPHIQUES

- DEGAS (Edgar), *Dans un café* ou *L'Absinthe*, 1873, huile sur toile, 92 x 68,5 cm, Paris, musée d'Orsay. La photo reproduite est réputée libre de droits.
- DEGAS (Edgar), *La Classe de danse*, 1871-1874, huile sur toile, 85 x 75 cm, Paris, musée d'Orsay. La photo reproduite est réputée libre de droits.

- DEGAS (Edgar), *La Famille Bellelli*, 1858-1860, huile sur toile, 200 x 250 cm, Paris, musée d'Orsay. La photo reproduite est réputée libre de droits.
- DEGAS (Edgar), *La Petite Danseuse de quatorze ans*, 1878-1881, cire colorée, argile, armature métallique, corde, poils de pinceau, cheveux humains, lin, soie, coton, socle en bois, 98,9 x 34,7 x 35,2 cm, Washington D.C., National Gallery of Art. La photo reproduite est réputée libre de droits.
- DEGAS (Edgar), *Le Défilé*, dit aussi *Chevaux de courses devant les tribunes*, vers 1866-1868, peinture à l'essence sur papier sur toile, 46 x 61 cm, Paris, musée d'Orsay. La photo reproduite est réputée libre de droits.
- DEGAS (Edgar), *L'Orchestre de l'Opéra*, vers 1870, huile sur toile, 56,5 x 45 cm, Paris, musée d'Orsay. La photo reproduite est réputée libre de droits.
- TOULOUSE-LAUTREC (Henri), *Au Moulin Rouge : la danse*, 1890, huile sur toile, 115,6 x 149,9 cm, Philadelphie, Philadelphia Museum of Art. La photo reproduite est réputée libre de droits.
- TOULOUSE-LAUTREC (Henri), *Salon de la rue des moulins*, 1894, huile sur toile, 112 x 133 cm, Albi, musée Toulouse-Lautrec. La photo reproduite est réputée libre de droits.

www.50minutes.com

Éditeur responsable : Lemaitre Publishing
Rue Lemaitre 4 | BE-5000 Namur
info@lemaitre-editions.com

ISBN ebook : 978-2-8062-5786-4
ISBN papier : 978-2-8062-5787-1
Dépôt légal : D/2014/12603-164
Photo de couverture : © *La Classe de danse,* par Edgar Degas, 1871-1874.

Conception numérique : Primento,
le partenaire numérique des éditeurs